Uniendo las Manos Para La Cosecha
Un Sueño Profético

Marvin Swanson

Uniendo las Manos Para La Cosecha

© **Copyright 2016 Marvin Swanson**

Todos los derechos reservados.

Foto de Portada: Indígenas Guámbianos, Silvia Cauca, Colombia

Traducción al español: María Fernanda Terreros (mafeterrerosdc@gmail.com)

ISBN 13:978-1-988008-02-8
ISBN -10:1988008026

DEDICATORIA

Para todos aquellos quienes, como mis padres, y los padres que los antecedieron, trabajaron muy duro y por mucho tiempo y quienes en ocasiones no vieron mucho fruto de su trabajo. Viene un día mejor; y hay una cosecha mucho mejor que está por venir para quienes mantengan sus manos diligentemente en el "Arado del Evangelio", y quienes mantengan su mirada en Él quien es tanto el "Autor como el Consumador" de la fe. Él es tanto el "Alfa como la Omega", el "Principio y el Final" y Él terminará la buena obra que ha empezado. (Filipenses 1:6)
Gloria a Dios. Amén.

TABLA DE CONTENIDO

1 - Manos que Ayudan - pág. 7

2 - Sueño Profético - 11

3 - Interpretación del Sueño - 16

4 - Continuación de la Interpretación- "Hora de la Cena" - 23

5 - "Heme aquí! Envíame" - 27

6 - La Palabra del Señor de la Cosecha - 33

7 - Información de Contacto - 39

8 - Bendición - 40

9 - Salvación - 41

10 - Acerca del Autor - 42

RECONOCIMIENTOS

Gracias a Dios, por todos aquellos que han tenido la gracia para soportarme todos estos años. Sólo por la gracia de Dios yo puedo escribir un libro acerca del amor y la bondad de Dios: porque ciertamente yo he violado cada uno de los mandamientos de Dios y he traicionado la confianza. Que Dios se apiade de mí, que soy un pecador, impuro, (Salmo 51). Es sólo por la misericordia y la gracia del Dios Viviente que yo puedo decir que soy salvo y que he sido limpiado nuevamente. Solamente por el poder transformador y eterno de la sangre de Jesús, puedo decir que soy redimido y libre de la maldición de la ley del pecado y la muerte. Así como el Señor Jesús me ha perdonado, oro no solo para que todos aquellos a los que ofendí en mi vida antes de Cristo, sino también para que aquellos que he ofendido como cristiano, me puedan perdonar, y que así nos unamos de las manos en pro de la gigantesca cosecha de almas, para la gloria de Dios y para la extensión de Su Reino eterno. Amén.

Muchas gracias a mi hermana Betty Anderson y su equipo de oración de Siervos del Liderazgo de los domingos en la noche y a mi buen amigo Claude Mandeville de Edmonton Alberta, Canadá, por su fiel apoyo. Que Dios los bendiga, multiplique y les permita crecer, en el nombre poderoso de Jesús! Amén!

También, muchas gracias a *Ron Hewitson* de Red Deer AB Canadá, por *su interpretación* del Sueño Profético, *presentada en cursiva en medio de los versículos.*

Foto 1. Equipo de Oración de Siervos del Liderazgo, San José CA

1 MANOS QUE AYUDAN

"Uniendo las Manos para la Cosecha"

Lo que se presenta a continuación es un sueño y la interpretación que se me dio de éste, en noviembre de 2004.

Alabado sea el nombre de Dios,

Marvin

Antecedentes

Yo fui criado en medio de una operación de agricultura mixta en Alberta Central, en donde mi padre, junto a tres de sus hermanos, cultivaba aproximadamente 2600 acres/1052ha 1826.8m2 de tierra fértil. Cultivábamos principalmente cereal, pastos y leguminosas de distintas variedades, que eran empleadas como cultivos comerciales y también para alimentar a nuestro ganado. Asimismo, mi padre también operaba una granja lechera que contaba con aproximadamente 35 vacas Holstein grandes, que daban leche dos veces al día.

No hay necesidad de decir que nos manteníamos ocupados todo el día. Dependiendo de cómo lo quieras ver, conté con la fortuna, o tal vez con el infortunio, de ser el único hijo varón de cuatro familias, sin contar a un primo que era diez años menor y que vivía en el pueblo.

Has adivinado correctamente! Yo era el esclavo de la familia. No me siento mal por serlo, al contrario: con frecuencia, veo que Dios me habla en términos agropecuarios, dado mi entrenamiento temprano en la materia. En realidad, mi trabajo no ha cambiado mucho. Solo que ahora trabajo en una granja mucho más grande (el Reino de Dios), con un nuevo jefe (Dios Padre), pero los principios siguen siendo básicamente los mismos. Valió la pena que obedeciera a mi padre terrenal y que trabajara donde él me decía, de la misma manera que vale la pena obedecer a Dios Padre y trabajar donde Él nos dice. "Obedecer es mejor que los sacrificios" (1 Samuel 15:22).

Nosotros teníamos diferentes tipos de eras y de cultivos. Había distintas labores y tareas que debían ser realizadas. Algunas se llevaban a cabo diariamente, como ordeñar las vacas, etc., y algunas eran según la estación, como el tiempo de la siembra y la cosecha. Fuera cual fuera el trabajo, había un tiempo y un lugar para cada uno de ellos.

Algunas veces, el trabajo importante como cercar, trabajar en las eras, en el campo, limpiar el lote de engorde a corral, encargarse del establo de las vacas; o el mantenimiento de las instalaciones, pintar, etc., precedía a un trabajo más apremiante como el de **"Unir las Manos y Recursos para la Cosecha!"**

Y fue aquí en donde todo el mundo puso en espera otros asuntos importantes, o voluntariamente dejó de hacer lo que estaba haciendo y se unió con los demás para reunir el fruto del arduo trabajo de la primavera y el verano. Todos trabajaron juntos en pro de un objetivo común, y todos se beneficiaron de la co-operación de los demás. Es con este pensamiento en mente que comparto contigo el sueño.

Foto 2- 60.000 adoradores uniéndose para la Cosecha de Almas, Cali, Colombia, 2014.

Foto 3- Una Calle Empinada

2 SUEÑO PROFÉTICO

El Sueño

Yo viajaba por una calle empinada, a buena velocidad, cuando de repente, llegué a un descenso muy inclinado. El vehículo que estaba conduciendo era modelo 1940 o 1950, tipo tractor, como los que hubiéramos usado muchos años atrás para acarrear grano. Debido a la edad del vehículo, supe que los frenos no estaban en la condición para sostener el tractor y evitar un gran accidente al final de la pendiente.

Entonces, noté que en la cabina había alguien más conmigo- Un Conductor Experto

Foto 4- Jesús Toma el Timón

Entonces noté que en la cabina del tractor había alguien más conmigo, quien parecía tomar el control del timón. Él era un **conductor experto, maestro** y parecía tener todo bajo control. Sin embargo, yo sabía que si no hacía el cambio a tercera rápidamente, sería muy tarde y nos accidentaríamos sin lugar a dudas. Justo a último momento, él metió el cambio y comenzamos el descenso. Incluso en ese momento, sentía que "no lo íbamos a lograr…que todo estaba perdido". Era muy inclinado y muy oscuro.

De alguna manera llegamos a salvo a la parte inferior, y la carretera enfrente se niveló y se volvió suave y derecha. **Poco después, llegamos a una puerta metálica de una granja, puerta que alguien nos abrió y por la cual atravesamos conduciendo.** A derecha e izquierda había ganado Holstein, pero eso no era lo que más llamaba la atención.

Mientras conducíamos por dicha carretera, ésta empezó a levantarse con delicadeza y a virar a la derecha. La carretera se hizo parte de un campo gigantesco de trigo que parecía no tener fin y que era lo que llamaríamos "**COSECHA MADURA" Estaba listo para ser recogida.**

A continuación, me presentaron a quien era como el dueño del terreno. Estaba en su edad media, pero muy en forma. Cuando estreché su mano, noté que tenía lo que llamaría, **"manos de granjero"**. Eran grandes y fuertes, y aun así suaves. **Esta cualidad era su fortaleza de carácter.** Parecía ser muy maduro en todos los aspectos, pero de un espíritu apacible y humilde.

Luego me presentaron a otros caballeros que también eran granjeros. Todos eran de distintas formas y tamaños y sin embargo, tenían las mismas características distintivas. **Todos tenían "manos de granjero", aunque todos eran de una naturaleza "apacible y dócil".** Parecía que esta era su fortaleza. Todos eran veteranos expertos. Eran maduros y todos tenían más o menos la misma edad.

Me di cuenta de que aunque todos eran trabajadores independientes, estaban trabajando juntos por la cosecha. **Por ningún lado se veían cercas o barreras distintivas.** Era un sembrado grande y único, el cual no tenía fin. Para sorpresa mía, un hombre que era más alto y tal vez un poco más joven y delgado que yo, salió de la multitud y estrechó mi mano, diciendo, **"Hola, mi nombre es Marvin". Yo respondí diciendo "ese también es mi nombre".**

A continuación, me encontraba sentado en una mesa de picnic con dos personas más, de cara al campo. Ambos eran hombres grandes, pero no gordos ni con sobrepeso. Tenían la misma cualidad de los demás. De repente, alguien, (una mujer), llegó al campo con una cena. Yo les dije a los hombres, **"Esto, es lo que solíamos hacer…especialmente en tiempos de cosecha".** Iba a contarles acerca de la gran operación granjera que solíamos llevar a cabo, pero cambié de parecer rápidamente. Comparada con esta operación, la otra era como una gota en medio del océano, o como solíamos decir en la granja, como "una gota en un balde".

Mientras estábamos sentados juntos, sentí como si estuviera siendo aprisionado y de repente parecía como si tuviera claustrofobia. Sentí como si estos dos granjeros grandes estuvieran ejerciendo presión contra mí, que estaba sentado en el medio. Le pregunté al de la izquierda si **"me daba un permiso"**. El accedió rápidamente y me permitió salir. Me paré de mi lugar y caminé alrededor del frente de la mesa de picnic, con el rostro hacia la cosecha y mi espalda hacia la mesa. Fin del sueño.

Foto 5- Cocinando en una Hoguera, Indígenas Guámbianos, Silvia Cauca, Colombia

3 INTERPRETACIÓN DEL SUEÑO

Métodos Obsoletos: El tractor viejo, así como cuando se cocina en una hoguera en un recinto negro por el humo, representa los procedimientos o métodos obsoletos del ministerio. Lo que funcionó en 1940 o 1950 ciertamente es antiguo si se habla del 2005 y los años siguientes. Así como los métodos de hacer agricultura y la maquinaria han cambiado, los tiempos también han cambiado. Lo que resultaba ser un buen equipamiento en ese entonces, para el trabajo de granja de una sola familia pequeña, no es suficiente para los modelos a gran escala de hoy en día. Es tiempo de entregarle el timón el **"Conductor Experto"** y de dar término al modelo antiguo de ministerio para que el nuevo pueda comenzar.

Todo está Perdido/Grano de Trigo: Puede que por un momento parezca como si "todo estuviera perdido", sin embargo, el Señor le dará un buen fin. La nueva vida y el nuevo ministerio solamente pueden iniciar en el fondo, en el suelo, porque "De cierto, de cierto os digo, que si el grano de trigo no cae en la tierra y muere, queda solo; pero si muere (si toca fondo) lleva mucho fruto. (Juan 12:23-25). Solamente al morir a lo viejo (las tradiciones, las falsas creencias, los métodos obsoletos, etc.) podemos entrar a lo nuevo. Dentro de poco, las cosas se nivelarán y el camino será más suave.

En mi cabeza, escuché las palabras del Salmo 91:11, "pues a sus ángeles mandará acerca de ti, que te guarden en todos tus caminos" Ron Hewitson.

La Puerta: La puerta es la entrada al reino de Dios y a la cosecha. Solamente puede abrirse a través de la fe en Jesucristo, el Cordero de Dios, y a través de la muerte de uno mismo y de lo viejo … tomando la "naturaleza del Cordero". Es una puerta que el Señor de la Cosecha ha abierto y que nadie puede cerrar. (Juan 10:1-16; Apocalipsis 3:6-8).

Con el Maestro al Timón: La transición es suave y la inclinación es delicada; porque el **"Maestro"** está al timón. Si tú no puedes confiar en Él para que derribe lo viejo, tampoco serás contado como digno de entrar en lo nuevo. Si no has aprendido la obediencia a través de las cosas que has sufrido, tampoco estás listo para la cosecha.

Haciendo a un lado tu Agenda Personal: como en la granja en la que me crie: cuando es "tiempo de cosecha", ordeñar a las vacas, aunque es algo importante, pasa a segundo plano frente a la tarea más prioritaria. Sin cosecha no habrá alimento para las vacas y no habrá dinero en el banco. Las vacas están presentes pero ellas pueden esperar una hora o dos más para que se las ordeñe, de ser necesario. La cosecha no da espera. Esto significa dejar de lado mi agenda personal (programas de la iglesia, diferencias denominacionales, etc.,) por causa del mayor y más grande "Propósito de Reino" de Dios.

El Campo: El campo representa la gran cosecha de almas de los últimos tiempos, por parte de Dios. El mundo, con todos sus continentes y grupos étnicos le pertenecen a Él, "de Jehová es la tierra y su plenitud; el mundo, y los que en él habitan" (Salmo 24:1, Salmo 2:1-12; Filip.2:9-11) Como en la granja, hay muchas eras y muchas tareas que necesitan llevarse a cabo. Si no conocemos la "voz del Padre, cómo podemos participar de la cosecha?"

El Señor de la Cosecha: El primer hombre con el que estreché manos era el Señor Mismo por cuanto Él es el "Señor de la Cosecha" (Mateo 9:37,38). Él tiene las manos de un "obrero" (Juan 9:4-5), incluso así, son muy delicadas. **Su fortaleza es Su carácter.** "Venid a mí y aprended de mí, que soy manso y humilde de corazón, y hallaréis descanso para vuestras almas" (Mat.11:28-30)…Id pues, y aprended lo que significa: misericordia quiero, y no sacrificio (Mateo 9:12-13)… **Él es el "Veterano Experimentado", el "Capitán de nuestra Salvación"** (Hebreos 2:8-10)

"Acabas de conocer (y describir de manera perfecta) al Ángel Principal que te ha sido asignado. Él estaba allí para darte la bienvenida a la cosecha, y para

comisionarte (de manera muy delicada) que entraras en un evangelismo mundial, según se declara en Isaías 6" Ron Hewitson.

Co-laboradores Unidos: Así como mis tíos en la granja, los demás hombres que conocí representan los pastores y los cinco ministerios y dones que nuestro Padre Celestial le ha dado a la iglesia (Efesios 4:11). Ellos también representan otros dones administrativos, incluyendo a quienes son ungidos y suficientemente maduros para el crecimiento financiero y para darle a la obra del Reino del Padre (Rom.12:3-13; 1 Cor. 3:5-11; 1 Cor.12:28-31; 2 Corintios, capítulos 8 y 9)

Probado en el Fuego: Tal como su Maestro y Pastor Principal, todos estos hombres han pasado por el fuego, Malaquías 3:1-4. Han sido probados y examinados y le han permitido al Espíritu Santo y a la Palabra de Dios que termine con todo lo que tenga que ver con egocentrismo, ambición personal u orgullo ingenuo, (1 Cor. 13; Gál. 2:20). Su voluntad se ha convertido en la de Él y Su voluntad se ha hecho la suya (Juan 17:20-26)

Carácter Noble/ Veteranos Experimentados: Ellos no están allí por causa de sí mismos o por la expansión de su propia denominación (el modelo antiguo), sino que están allí por el gran propósito del reino… el Reino de Dios. Así como el "Capitán de Su Salvación", todos estos hombres son "obreros, de carácter noble, y veteranos experimentados" (1 Cor. 4:15-16)

"Esta es la "Compañía de Ángeles" que te ha sido asignada, todos veteranos, todos conocedores de lo que está por venir para ti, y cada uno de ellos equipado individualmente para asistirte en las tareas que te han sido dadas. Ellos serán como una "Banda de Hermanos" para ti y te guardarán de las muchas trampas que han sido puestas para atraparte. El enemigo de tu alma te odia con pasión porque estás a punto de ser testigo tanto de la bondad como de la severidad del Señor" Ron Hewitson

El Nuevo Yo: las cercas (barreras denominacionales) han caído. Los prejuicios del pasado han sido olvidados en vista de la "Gran Cosecha" que está enfrente. Este es el **"nuevo yo"**. El "viejo Marvin" (lo carnal, la naturaleza, las actitudes, etc.,) murió en el descenso de la "carretera empinada" del orgullo terco y de la ambición egoísta y aterrizó en la "carretera baja" de la humildad y de la búsqueda únicamente de Dios (Santiago 4:6-8). Este es el **"nuevo Marvin"**. De alguna manera más joven, más en forma (ya no engordado por el orgullo carnal o la propia exaltación) y más alto, porque "al humillarte, Dios te levantará" (1 Pedro 5:6)

"Acabaste de conocer al "Ángel del Espíritu de la Cosecha", quien viene a tu lado. Este ángel estará contigo y te fortalecerá para llevar a cabo todo lo que se requiere con relación al trabajo que está por delante" Ron Hewitson.

Foto 6- Graduación del Bachillerato año 2014 Cali, Colombia

4 CONTINUACIÓN DE LA INTERPRETACIÓN

"HORA DE LA CENA"

La Provisión

Hora de la Cena: la mesa de picnic y la mujer con la cena, representan la provisión de Dios. **"La provisión de Dios está en la cosecha!"** Para todo aquel que invoca Su nombre y lo llama Señor, la voluntad de Dios es la "Gran Comisión" (Mateo 28:18-20). **"La provisión de Dios para la visión está en la cosecha"**. En otras palabras, siempre y cuando yo busque "primeramente Su Reino y Su justicia" no tendré que andar por ahí buscado "cena". "La cena vendrá en mi búsqueda!" (Mat.6:33)

Ley de la Cosecha: Este elemento está representado en mi sueño por la mujer que era como mi mamá, o como una de mis tías. Todos tiraban del mismo lado. Todos tenían un rol que desempeñar. Todos eran importantes, y NADIE CARECÍA DE NADA. Todos nos beneficiábamos de todos. La cosa se convirtió en una cosecha gigantesca. Nadie primaba sobre nadie. Esa era la **"Ley de la Cosecha"**.

La Regla General: lo que era mío se hacía tuyo y viceversa. Nadie trabajaba más duro o menos porque estábamos en el campo de alguien más. Las eras maduras predominaban sin importar de quién eran. En nuestra familia, esta era la **"regla general"**, a la que me gusta referirme nuevamente como la "ley de la Cosecha". Esto fue lo que quise decir en el sueño cuando dije, **"Esto era lo que solíamos hacer… especialmente en tiempos de cosecha"**.

A este punto puede que ya te hayas dado cuenta de qué representa el gran sembrado así que no tengo que añadir nada más al respecto. Sin embargo, hay un par de cosas: cuando yo iba a contarles a los dos hombres que estaban en la mesa acerca de nuestra gran operación granjera…pero me abstuve.

Es tiempo

#1. Es tiempo: Me gustaría hablar proféticamente ahora. El Señor diría, "sea cual haya sido tu experiencia con relación al crecimiento de la iglesia o al ministerio hasta este punto, no se compara en absoluto con lo que yo haré en el futuro. No le digas al Señor de la Cosecha que **el tiempo** no ha llegado, **porque ciertamente el tiempo ha llegado y el tiempo es ahora** (Juan 4:34-38). **Ha llegado la hora** de que se acabe el antiguo modelo, (trabajadores independientes que trabajan por cuenta propia para su propia gloria, Mateo 9:16-17). **Es el tiempo de lo nuevo.** (Juan 13:34,35; Salmos 133)

Ahora es el tiempo de quitarse las vestiduras antiguas y de vestirse de la mente del Buen Pastor… Aquel que es Fiel y Verdadero (2 Cor.10:3-6; Rom. 12:1-2; Apo.19:11, etc). **Es hora** de deshacerse de los harapos del orgullo denominacional y de la arrogancia (1 Cor.3:1-4) y de vestirnos de la humildad y la fortaleza del Rey (Apo.19:15-16). **Es tiempo** de dejar de lado los celos y los prejuicios y de renovar vuestros votos con la fortaleza del carácter… **primeramente** con el Señor de la Cosecha, y luego con unos y otros, por cuanto es **un pacto de uni-**

dad y de amor. (Efesios 2:13-18; Efesios 4:1-4; Filipenses 2:1-11)

"La nueva cosecha no se podrá comparar con nada que se haya imaginado, será grande en exceso, requerirá de un trabajo extremadamente intenso, y estará cargada de peligros adyacentes. Hay peligro en comparar las obras de la carne (lo viejo) con las obras del Espíritu (lo nuevo). "cosas que ojo no vio, ni oído oyó, ni han subido en corazón de hombre, son las que Dios ha preparado para ti" Ron Hewitson.

Todo es por causa de la cosecha: Todo es por el Señor. Por fe, estrecha manos con el "Dueño del Campo", y en amor, estrechen manos los unos con los otros. Todos se beneficiarán. Nadie sobrará. **"He aquí** Yo estoy a la puerta y llamo! **He aquí,** el comienzo de un nuevo día! **He aquí, al Señor de la Cosecha! He aquí, que vengo pronto!"**

"Amados, es tiempo de estrechar las manos con el Señor de la Cosecha y con unos y otros!"

Foto 7- Estadio Pascual Guerrero, Cali-Colombia

5 "HEME AQUÍ! ENVÍAME!"

Isaías 6:8

#2. Es Tiempo de Salir de Tu Lugar de Restricción y de Entrar a la Cosecha: Finalmente está la escena de la tarde en la mesa con los dos hombres durante el momento de la cena… **"excúsenme por favor"** Nuevamente, el Señor te diría, "el lugar en el que estás es muy pequeño" (Isaías 54:1-3). No es que ellos te estén apretujando, sino que tú estás presionando contra ellos, **porque yo he hecho que crezcas. Tal como las cáscaras son para la semilla del trigo:** ellos te han sostenido y te han mantenido en tu lugar, pero ahora es el tiempo de la cosecha. Es tiempo de que las cáscaras entreguen su tesoro. Es tiempo de la cosecha!

Tal como las palabras de Pedro con relación a "crecer en la gracia y el conocimiento!" (2 Pedro 3:18). Sí, e incluso Aquel que vino lleno de "gracia y verdad" (Juan 1:14), tú has crecido, has madurado. Es tiempo de que el grano sea soltado! Es tiempo de libertad!

Los dos hombres representan las restricciones y obstáculos/barreras/disciplinas, que he puesto en tu camino: ellos han cumplido bien su trabajo. **Es tiempo** de dejar tu lugar de restricción y de entrar al de la cosecha... lleno de gracia/conocimiento... lleno de gracia/verdad! **Es tiempo** de ingresar a la cosecha **por medio de la fe que obra por el amor"** (Gálatas 5:6)- Fin de la palabra profética que me fue dada, 2004.

El **"excúsenme por favor"**, *no era una disculpa, sino una frase de complicidad con lo que el Señor demanda de ti. Tú ya has hecho un pacto en tu corazón con el Señor, de acuerdo con Isaías 6.* **"Excúsenme por favor"** *es interpretado en el cielo como,* **"Señor, Yo iré! Envíame".**

"Darle tu espalda y estar de "frente a la cosecha" es simbolismo del **"llamado del Cielo"**, *declarando que has sido hallado fiel, equipado y comisionado para ir".* **Y el Señor dice, "Sí, ve".**

*"**Verás la bondad y la severidad del Señor** en tu alcance evangelístico al punto de que humanamente te desgastará. Y dirás, "Señor, cuánto tiempo tengo que hacer esto?" y Él dirá, "hasta que sus ciudades sean destruidas, sin nadie más en ellas" (Isaías 6:11)*

*"**Nunca pierdas de vista "la higuera"**: Es un punto de referencia. Israel será como un muñón, como cuando se derriba un árbol, pero ese muñón será una Semilla Santa que volverá a crecer"*

Ron Hewitson

Amén y Aleluya!!!

Foto 8- Equipo De Oración de Siervos del Liderazgo 2015 Centro Sap, San José, California- USA

Y el tiempo? Cuál es el tiempo?

"Es Tiempo de Unir Manos y Recursos para la Cosecha!" Ya se ha hecho tarde en el día. Proféticamente hablando, es "tiempo de la cena"

Es tiempo de que los trabajadores que aman al Señor, dejen de lado sus propias agendas: vean más allá, dejando de lado el orgullo denominacional y las barreras doctrinales; **y en un verdadero espíritu de bondad y docilidad, entren a la cosecha como un cuerpo de creyentes en Cristo nuestro Señor, para la cosecha eterna de almas, para Su gloria y alabanza. Amén.**

Bendiciones, en el poderoso nombre de Jesús nuestro Señor, Salvador y Rey que viene pronto,

Marvin Swanson

Notas Adicionales:

La interpretación que se da en cursiva, fue dada por mi buen amigo Ron Hewitson de Red Deer, AB, Canadá, y también hay algunas interpretaciones adicionales que me fueron dadas por el Espíritu Santo. La interpretación de Ron tiene que ver más con lo celestial, el ámbito angelical de apoyo, mientras que la mía tiene que ver más con el ámbito terrenal y de los co-laboradores en la cosecha.

Génesis 32:1-2

32:1 Jacob siguió su camino, y le salieron al encuentro ángeles de Dios. 2 Y dijo Jacob cuando los vio: Campamento de Dios es este; y llamó el nombre de aquel lugar Mahanaim.

El nombre Mahanaim significa dos huestes o dos campamentos, y fue dado por Jacob, debido a que allí se encontró con "los ángeles de Dios"… de manera literal, la referencia al *Doble campamento* ayuda a explicar la doble interpretación del sueño… el equivalente celestial y el terrenal… el ejército celestial de Dios y el ejército terrenal de Dios…la Iglesia Triunfante.

Foto 10- EL SEÑOR DE LA COSECHA PAGÓ A CABALIDAD EL PRECIO EN EL MONTE DEL CALVARIO: Y DESDE LA CRUZ, ABRIÓ UN VOLCÁN INAGOTABLE DE AMOR PARA DERRAMAR SOBRE TODA LA HUMANIDAD, LOS RICOS Y LOS POBRES, PARA QUE TODOS VENGAN Y BEBAN LIBREMENTE DEL RIO DE AGUA DADORA DE VIDA.

6 LA PALABRA DEL SEÑOR DE LA COSECHA

Isa 6:8

Después oí la voz del Señor, que decía: **¿A quién enviaré, y quién irá por nosotros?** Entonces respondí yo: **Heme aquí, envíame a mí.**

Mateo 9:35-38 (PDT)
La Necesidad de Obreros
Jesús recorría todos los pueblos y aldeas, enseñando en las sinagogas proclamando el nuevo mensaje del reino [b] y sanando toda clase de enfermedades y dolencias. 36 Cuando Jesús veía a todos los que lo seguían, **sentía compasión por ellos, pues estaban agobiados e indefensos.** Eran como ovejas que no tienen pastor. 37 Entonces Jesús les dijo a sus seguidores: —La cosecha es mucha, pero los trabajadores son pocos. 38 **Por eso, pidan al Señor dueño de la cosecha que envíe trabajadores para recogerla.**

Juan 4:34-38
34 Jesús les dijo: —Mi comida es hacer lo que Dios quiere porque él es quien me envió. Estaré satisfecho cuando termine el trabajo que él me dio. 35 Ustedes dicen: "Hay que espe-

rar cuatro meses más para la cosecha". Pues miren, yo les digo, levanten los ojos y observen los campos porque ya están listos para la cosecha. 36 El que cosecha recibe su paga. Está reuniendo una cosecha para la vida eterna. Así que tanto el que siembra como el que cosecha sienten alegría. 37 Realmente es cierto el dicho: "Uno es el que siembra y otro el que cosecha". 38 Los envié para que cosechen un campo que ustedes no trabajaron. Fueron otros los que lo trabajaron, y ahora ustedes disfrutan del trabajo de ellos.

Isaías 55
Invitación a la Salvación del Señor y a la Vida Abundante

55 Hay alguien sediento? **Venga y beba-** así no tenga dinero!

Venga, escoja vino o leche- todo es gratis!

2¿Por qué gastáis el dinero en comida que no te da fuerza? Por qué pagar por una comida que no te hace bien? Escúchame, y comerás lo que es bueno. Disfrutarás de la mejor comida.

3 "Ve a mí con tus oídos completamente abiertos". **Escucha,** y hallarás la vida. Haré un pacto eterno contigo. Te daré todo el amor constante que le prometí a David.

4 Mira cómo lo usé para demostrar mi poder entre los pueblos. Le hice un líder entre las naciones.

5 Tú también comandarás naciones que no conoces, y pueblos desconocidos vendrán ante ti para obedecer, por Yo, el Señor, tu Dios, el Santo de Israel, te he hecho glorioso"

6 Busca al SEÑOR mientras lo puedes encontrar. Llámalo mientras está cerca.

7 Permite que los malvados cambien sus caminos y desvanece el pensamiento mismo de hacer el mal.

Permite que se vuelvan al SEÑOR para que él tenga misericordia de ellos.

Sí, vuélvete a Dios, porque él perdonará generosamente.

8 "Mis pensamientos, no son como tus pensamientos" dice el SEÑOR.

"y mis caminos van mucho más allá de cualquier cosa que puedas imaginar.

9 Porque así como los cielos son más altos que la tierra, así, mis caminos son más altos que los tuyos y mis pensamientos más altos que los tuyos".

10 La lluvia y la nieve descienden de los cielos y se quedan sobre el suelo para regar la tierra. Hacen que crezca el grano, produciendo la semilla para el granjero y el pan para los hambrientos.

11 Lo mismo sucede con mi palabra. Yo la envío, y siempre produce fruto. Yo lograré todo lo que quiero, y prosperará dondequiera que la envíe.

12 Siempre tendrás gozo y paz.
Las montañas y las colinas estallarán en canto, y los árboles del campo aplaudirán con sus palmas!
13 Donde una vez hubo espinas, crecerán árboles de ciprés
Donde crecían las ortigas, arrayanes crecerán.
Estos acontecimientos glorificarán grandemente el nombre del SEÑOR; serán una señal perenne de su poder y amor"

2 Pedro 3:3-15
3 sabiendo primero esto, que en los postreros días vendrán burladores, andando según sus propias concupiscencias, 4 y diciendo: ¿Dónde está la promesa de su advenimiento? Porque desde el día en que los padres durmieron, todas las cosas permanecen así como desde el principio de la creación. 5

Estos ignoran voluntariamente, que en el tiempo antiguo fueron hechos por la palabra de Dios los cielos, y también la tierra, que proviene del agua y por el agua subsiste, 6 por lo cual el mundo de entonces pereció anegado en agua; 7 pero los cielos y la tierra que existen ahora, están reservados por la misma palabra, guardados para el fuego en el día del juicio y de la perdición de los hombres impíos.

8 **Mas, oh amados, no ignoréis esto**: que para con el Señor un día es como mil años, y mil años como un día. 9 El Señor no retarda su promesa, según algunos la tienen por tardanza, sino que es paciente para con nosotros, **no queriendo que ninguno perezca, sino que todos procedan al arrepentimiento**. 10 Pero el día del Señor vendrá como ladrón en la noche; en el cual los cielos pasarán con grande estruendo, y los elementos ardiendo serán deshechos, y la tierra y las obras que en ella hay serán quemadas.

11 Puesto que todas estas cosas han de ser deshechas, ¡cómo no debéis vosotros andar en santa y piadosa manera de vivir, 12 esperando y apresurándoos para la venida del día de Dios, en el cual los cielos, encendiéndose, serán deshechos, y los elementos, siendo quemados, se fundirán! 13 Pero nosotros esperamos, según sus promesas, cielos nuevos y tierra nueva, en los cuales mora la justicia.

14 **Por lo cual, oh amados, estando en espera de estas cosas, procurad con diligencia ser hallados por él sin mancha e irreprensibles, en paz.**

15 Y tened entendido que la paciencia de nuestro Señor es para salvación; como también nuestro amado hermano Pablo, según la sabiduría que le ha sido dada, os ha escrito,

7 INFORMACIÓN DE CONTACTO

Nombre de la Compañía:
  www.casadelvinonuevomahanaim.com
Autor: Marvin Swanson
Dirección: Canadá /Colombia
E-mail: acts29missions@yahoo.com
  mascanada1947@gmail.com

Facebook: Marvin Swanson
Twitter: @SwansonMarvin

Amazon.ca or Amazon.com para pedidos de "The Mary Martha Principle"
http://www.amazon.ca/dp/B00F7VRFA0/

Para pedidos de "10 DAYS TO TOTAL FINANCIAL FREEDOM"
http://www.amazon.ca/Days-Total-Financial-Freedom-ebook/dp/B00EZROY2Y/

Para pedidos de "Judas Generation"
http://www.amazon.com/dp/B00FJBHMF6

8 BENDICIÓN

"Levántate, resplandece; porque ha venido tu luz, y la gloria de Jehová ha nacido sobre ti"
Isaías 60:1

Foto 11- Números 6:24-26 Bendición Sacerdotal de Moisés al Pueblo de Israel

24 Jehová te bendiga, y te guarde;
25 Jehová haga resplandecer su rostro sobre ti, y tenga de ti misericordia;
26 Jehová alce sobre ti su rostro, y ponga en ti paz.

9 SALVACIÓN

Jesús, el Señor de la Cosecha, te ama y te invita a que con tu boca, le confieses como Señor y Salvador, y a que creas en tu corazón que Dios le ha levantado de los muertos, y serás salvo. Amén. Gloria al Señor!

Romanos 10:8-13

8 Mas ¿qué dice? Cerca de ti está la palabra, en tu boca y en tu corazón. Esta es la palabra de fe que predicamos: 9 que si confesares con tu boca que Jesús es el Señor, y creyeres en tu corazón que Dios le levantó de los muertos, serás salvo. 10 Porque con el corazón se cree para justicia, pero con la boca se confiesa para salvación. 11 Pues la Escritura dice: Todo aquel que en él creyere, no será avergonzado. 12 Porque no hay diferencia entre judío y griego, pues el mismo que es Señor de todos, es rico para con todos los que le invocan; 13 **porque todo aquel que invocare el nombre del Señor, será salvo.**

ACERCA DEL AUTOR

Como cristiano nacido de nuevo hace más de 30 años y como un estudiante muy juicioso de la Palabra de Dios: mi más grande gozo y pasión es enseñar las grandes verdades de la Biblia, tal y como están escritas.

Mi fe en Dios y Su llamado sobre mi vida, me han llevado a muchos países, como amigo para los pobres y los lastimados; involucrándome en varios proyectos… desde enviar ayudas humanitarias y Biblias en ruso, llegar a los hambrientos espirituales de Ucrania tras la caía del Comunismo y de la Antigua Unión Soviética, hasta apoyar a los orfanatos de la India y ayudar a 85.000 Judíos de la Unión Soviética que habían sido golpeados por la pobreza, para que retornaran "Aliyah" a Israel. (Aliyah, es un término que se refiere a la inmigración de Judíos hacia Israel. N.T)

Adicionalmente, bajo el mandato del Señor, con Su ayuda, la ayuda de mi familia y de muchos otros, re-abrí y re-establecí una vieja iglesia que había sido abandonada 10 años atrás. He compartido la pobreza, viviendo y ministrándoles a los pobres en áreas vulnerables y no favorecidas. Y tengo la plena convicción de que Dios tiene un mejor plan. Este plan, para la bendición y el crecimiento del hombre, está contenido en Su Palabra, que es el mapa de ruta de Dios para el éxito. Estoy a favor de ayudar a los pobres y necesitados, pero también estoy convencido de que Dios tiene un mejor plan de crecimiento que va más allá de donativos continuos.

Este plan se encuentra en la Palabra de Dios. "Porque yo sé los pensamientos que tengo acerca de vosotros, dice Jehová, pensamientos de paz, y no de mal, para daros el fin que esperáis" Jer 29:11. En otras palabras, el plan de Dios para los pobres, los destituidos y para todos aquellos que luchan para sobrevivir financieramente, es el de darles una esperanza y un futuro.

Gloria a Dios! De eso se trata este libro y mi vida. De descubrir el plan de Dios para mi propia vida y de ayudar a otros a encontrar el mejor plan de Dios para las suyas. Estoy casado y actualmente vivo en Colombia, Suramérica, donde le ministro a… acertaste… los pobres. Le estoy contando a todo el mundo acerca de la bondad de Dios y acerca de que Su plan para sus vidas es un buen plan, por cuanto es un plan de crecimiento y multiplicación, y no se trata de un plan malvado para mayor sufrimiento, derrota y miseria. Este es el poder de la Palabra de Dios para liberar a los cautivos! Amén!

Tu amigo para la multiplicación, el crecimiento y lo mejor de lo mejor de Dios en tu vida. *Marvin*

---

www.ingramcontent.com/pod-product-compliance
Lightning Source LLC
Chambersburg PA
CBHW041755040426
42446CB00001B/45